Impressum
Verlag: BABADADA GmbH, Nedderfeld 112 , 22529 Hamburg
Geschäftsführer / Verlagsleitung: Harald Hof
Druck: Books on Demand GmbH, In de Tarpen 42, 22848 Norderstedt

Imprint
Publisher: BABADADA GmbH, Nedderfeld 112 , 22529 Hamburg, Germany
Managing Director / Publishing direction: Harald Hof
Print: Books on Demand GmbH, In de Tarpen 42, 22848 Norderstedt

Schuel
el colegio

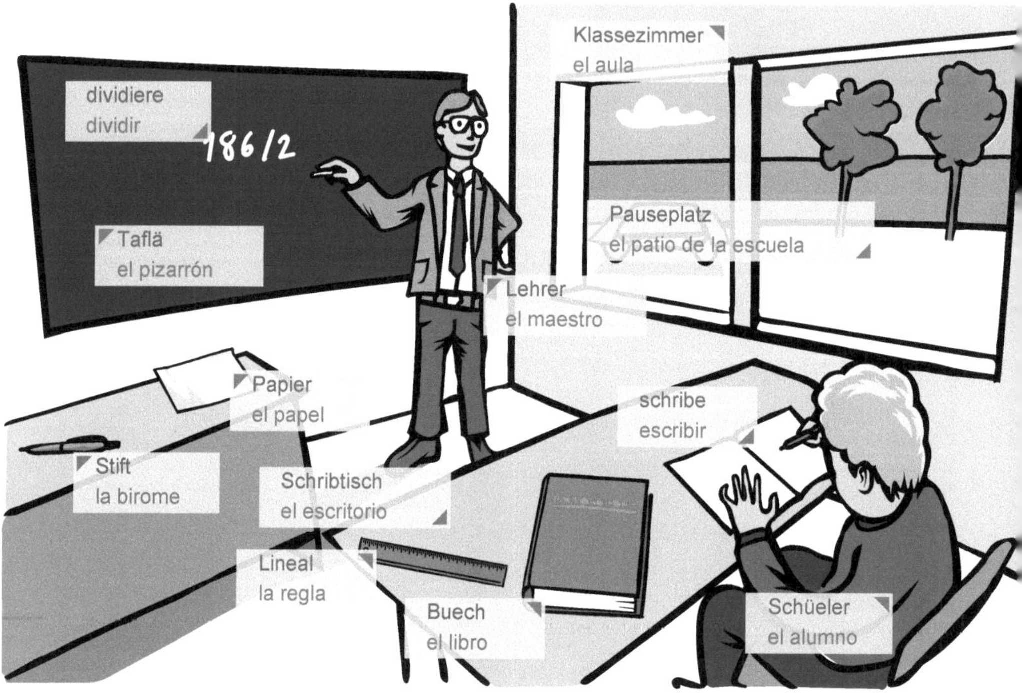
Klassezimmer
el aula
dividiere
dividir
186/2
Taflä
el pizarrón
Pauseplatz
el patio de la escuela
Lehrer
el maestro
Papier
el papel
schribe
escribir
Stift
la birome
Schribtisch
el escritorio
Lineal
la regla
Buech
el libro
Schüeler
el alumno

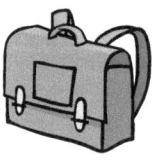

Thek
la mochila

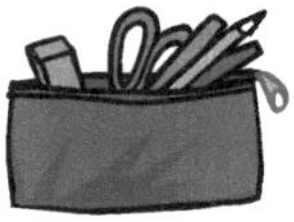

Etui
la caja de lápices

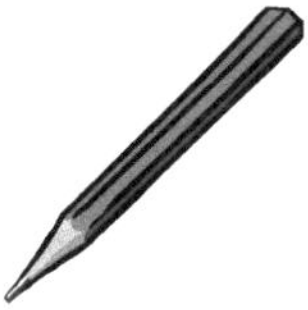

Bleistift
el lápiz

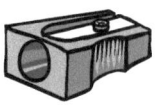

Spitzer
el sacapuntas

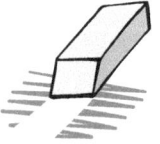

Radiergummi
la goma (de borrar)

Zeicheblock
el bloc de dibujo

Zeichnig

el dibujo

Pinsel

el pincel

Malchaschte

la caja de pinturas

Schär

la tijera

Liim

el pegamento

Üebigsheft

el cuaderno de ejercicios

Huusufgabe

la tarea

Zahl

el número

addiere

sumar

subtrahiere

restar

multipliziere

multiplicar

rächne

calcular

Buechstabe

la letra

Alphabet

el abecedario

Wort

la palabra

Text
....
el texto

läse
....
leer

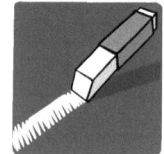

Kriide
....
la tiza

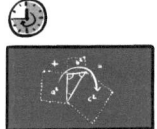

Lektion
....
la lección

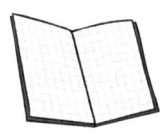

Klassäbuech
....
el cuaderno de clase

Prüefig
....
el examen

Zügnis
....
el certificado

Schueluniform
....
el uniforme escolar

Usbildig
....
la educación

Enzyklopädie
....
la enciclopedia

Universität
....
la universidad

Mikroskop
....
el microscopio

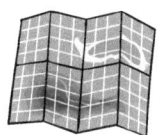

Charte
....
el mapa

Papierchorb
....
el tacho (de basura)

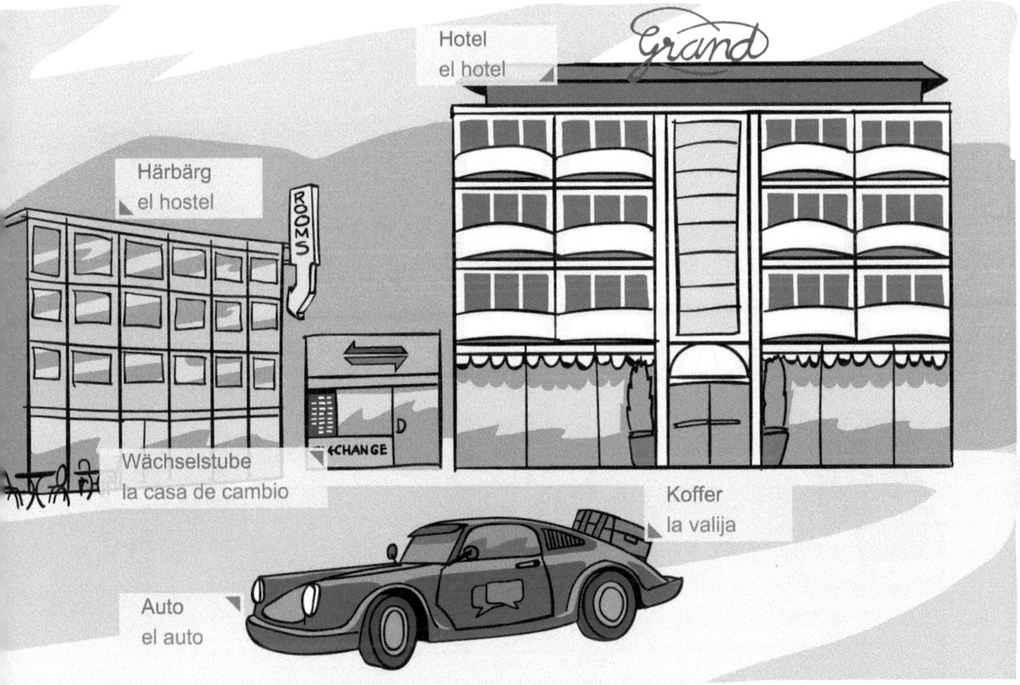

Hotel
el hotel
Grand
Härbärg
el hostel
ROOMS
Wächselstube
la casa de cambio
EXCHANGE
Koffer
la valija
Auto
el auto

Sprach

el idioma

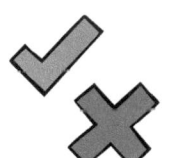

jo / nei

sí / no

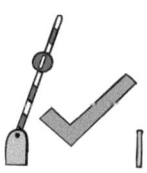

okay

Está bien

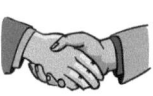

Hallo

hola

Dolmetscher

el traductor

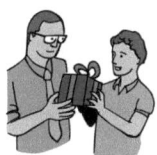

Dankä

Gracias

Was chostet...?

¿cuánto cuesta...?

Ich vrstahs nöd

No entiendo

Problem

el problema

Guete Abig!

¡Buenas tardes!

guete Morgä!

¡Buenos días!

guete Abig!

¡Buenas noches!

Uf Wiederseh

el adiós

Richtig

la dirección

Bagaasch

el equipaje

Täsche

el bolso

Rucksack

la mochila

Gast

el invitado

Ruum

la habitación

Schlafsack

la bolsa de dormir

Zält

la carpa

Touristeninformation

la información turística

Strand

la playa

Kreditkarte

la tarjeta de crédito

Zmorge

el desayuno

Zmittag

el almuerzo

Znacht

la cena

Billet

el pasaje

Ufzug

el ascensor

Briefmarke

el sello

Gränze

la frontera

Zoll

la aduana

Botschaft

la embajada

Visum

la visa

Pass

el pasaporte

Transport

el transporte

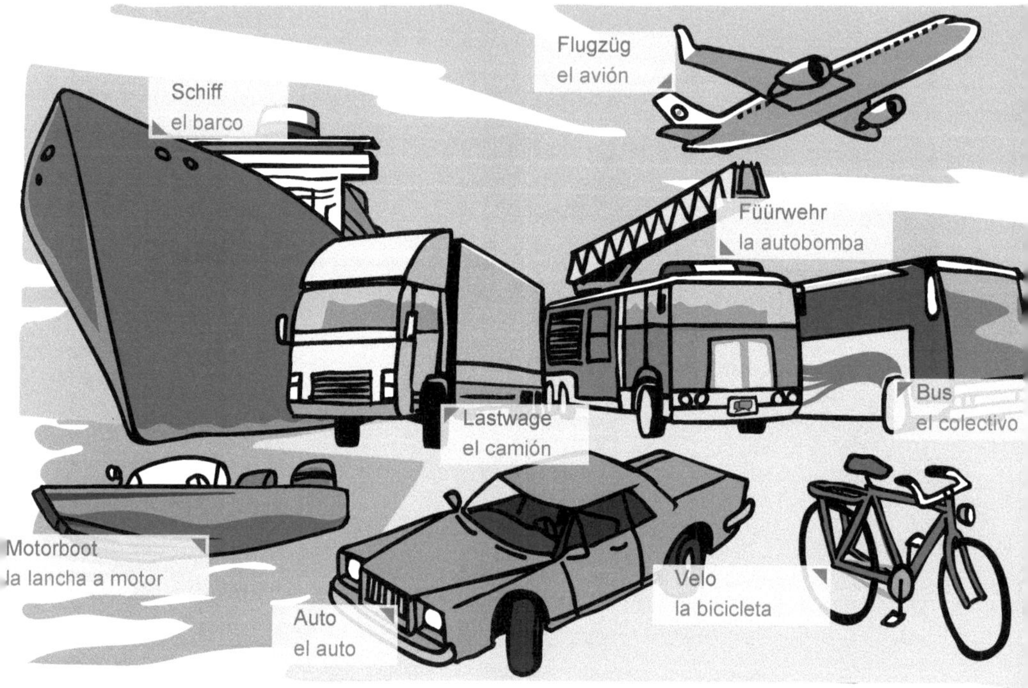
Flugzüg
el avión
Schiff
el barco
Füürwehr
la autobomba
Bus
el colectivo
Lastwage
el camión
Motorboot
la lancha a motor
Velo
la bicicleta
Auto
el auto

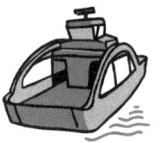

Fähri

el ferry

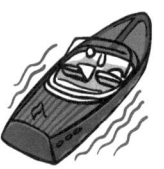

Boot

el bote

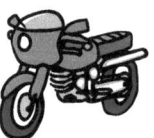

Töff

la moto

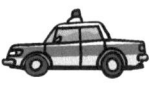

Polizeiauto

el patrullero

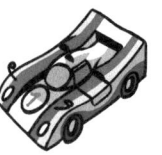

Rännauto

el auto de carreras

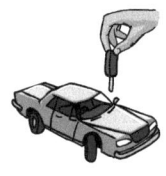

Mietwage

el auto de alquiler

Carsharing

el alquiler de autos

Abschleppwage

la grúa

Chübelwage

el camión de la basura

Motor

el motor

Benzin

la nafta

Tankstell

la estación de servicio

Verkehrsschild

la señal de tránsito

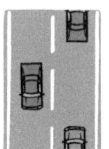

Verchehr

el tránsito

Stau

el embotellamiento

Parkplatz

el estacionamiento

Bahnhof

la estación de tren

Schiene

las vías

Zug

el tren

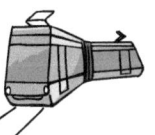

Strassebahn

el tranvía

Wagon

el vagón

Helikopter

el helicóptero

Flughafe

el aeropuerto

Tower

la torre

Passagier

el pasajero

Container

el contenedor

Karton

la caja de cartón

Chare

la carretilla

Korb

la canasta

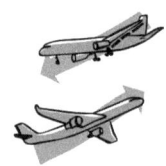

starte / lande

despegar / aterrizar

Stadt
la ciudad

Dorf

el pueblo

Stadtzentrum

el centro de la ciudad

Huus

la casa

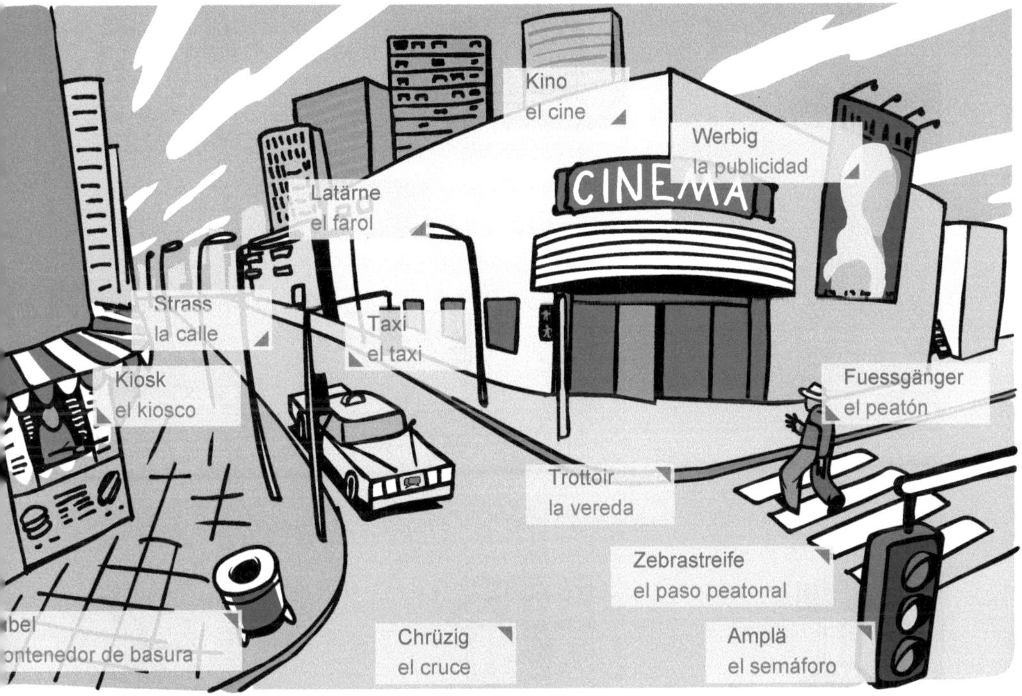

Kino
el cine

Werbig
la publicidad

Latärne
el farol

CINEMA

Strass
la calle

Taxi
el taxi

Kiosk
el kiosco

Fuessgänger
el peatón

Trottoir
la vereda

Zebrastreife
el paso peatonal

bel
ontenedor de basura

Chrüzig
el cruce

Amplä
el semáforo

Hütte
la cabaña

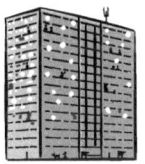

Wohnig
el departamento

Bahnhof
la estación de tren

Gmeindshuus
la municipalidad

Museum
el museo

Schuel
el colegio

Universität

la universidad

Bank

el banco

Spital

el hospital

Hotel

el hotel

Apotheke

la farmacia

Büro

la oficina

Buechgschäft

la librería

Gschäft

el negocio

Bluemelade

la florería

Läbensmittellade

el supermercado

Märt

el mercado

Chaufhuus

las grandes tiendas

Fischhändler

la pescadería

Iihkaufszentrum

el centro comercial

Hafe

el puerto

Stadt - la ciudad

Park

el parque

Bank

el banco

Brugg

el puente

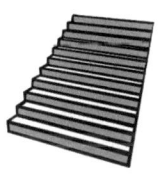

Stäge

las escaleras

U-Bahn

el subte

Tunnell

el túnel

Bushaltestell

la parada del colectivo

Bar

el bar

Restaurant

el restaurante

Briefchastä

el buzón

Strasseschild

el letrero

Parkuhr

el parquímetro

Zolli

el zoológico

Badi

la pileta

Moschee

la mezquita

Buurehof

la granja

Umwältvrschmutzig

la contaminación

Fridhof

el cementerio

Chile

la iglesia

Spielplatz

los juegos infantiles

Tämpel

el templo

Landschaft

el paisaje

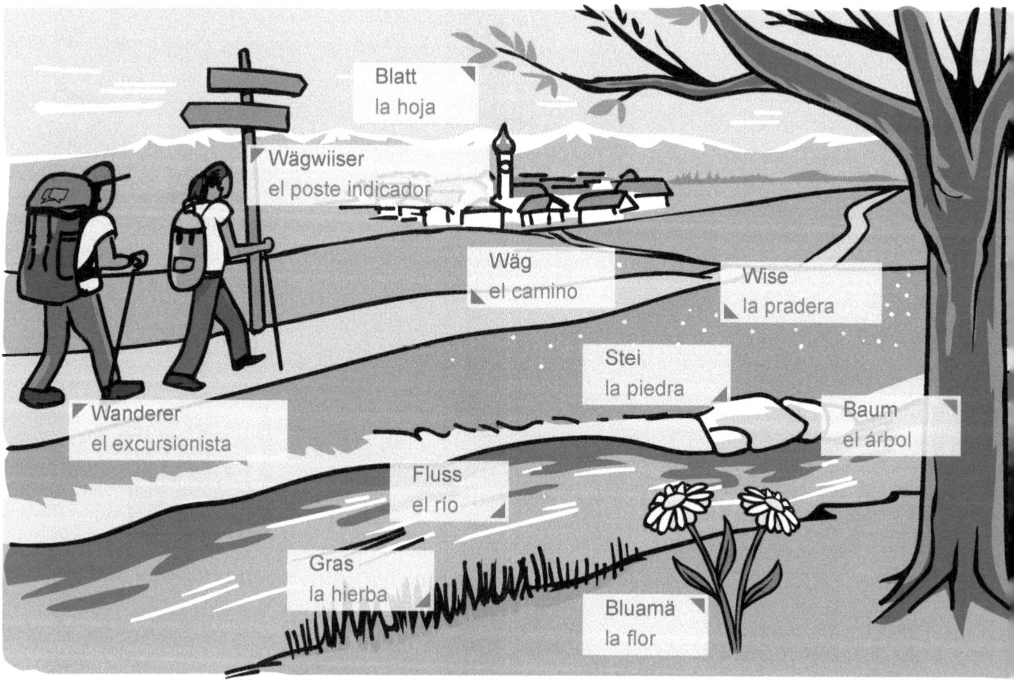

Blatt
la hoja

Wägwiiser
el poste indicador

Wäg
el camino

Wise
la pradera

Stei
la piedra

Wanderer
el excursionista

Baum
el árbol

Fluss
el río

Gras
la hierba

Bluamä
la flor

Tal
el valle

Bärg
la montaña

See
el lago

Wald
el bosque

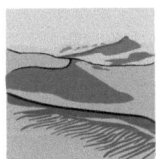

Wüeschti
el desierto

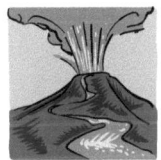

Vulkan
el volcán

Schloss
el castillo

Rägeboge
el arco iris

Pilz
el champiñón

Palme
la palmera

Moskito
el mosquito

Fliege
la mosca

Ameise
la hormiga

Biendli
la abeja

Spinne
la araña

Chäfer

el escarabajo

Frosch

la rana

Eichhörnli

la ardilla

Igel

el erizo

Haas

la liebre

Üle

la lechuza

Vogu

el pájaro

Schwan

el cisne

Wildschwein

el jabalí

Hirsch

el ciervo

Elch

el alce

Damm

la presa

Windturbine

el aerogenerador

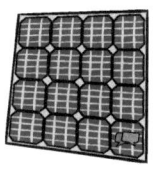

Sunnekollektor

el panel solar

Klima

el clima

Restaurant
el restaurante

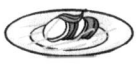

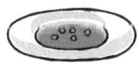

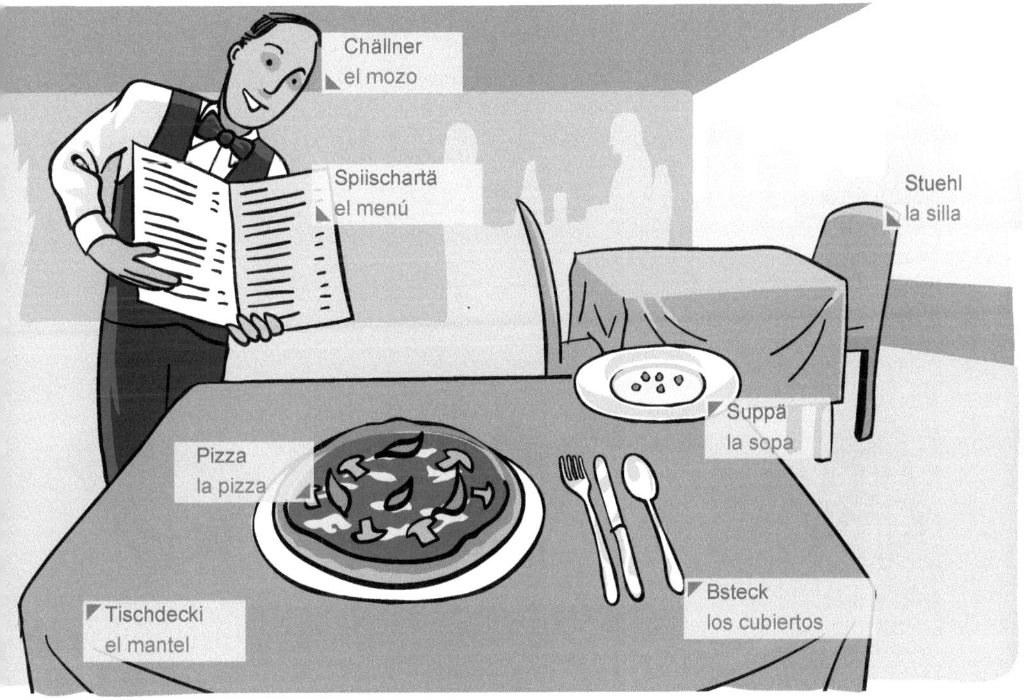

Chällner
el mozo
Spiischartä
el menú
Stuehl
la silla
Suppä
la sopa
Pizza
la pizza
Bsteck
los cubiertos
Tischdecki
el mantel

Vorspiies

la entrada

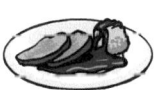

Hauptgricht

el plato principal

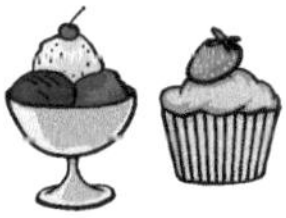

Dessert

el postre

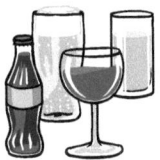

Geträng

las bebidas

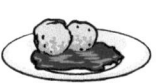

Läbensmittel

la comida

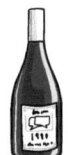

Fläsche

la botella

Fast Food

la comida rápida

Street Food

la comida callejera

Teechanne

la tetera

Zuckerdosä

la azucarera

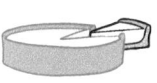

Portion

la porción

Espressomaschine

la cafetera expreso

Hochstuehl

la sillita alta

Rächnig

la cuenta

Tablett

la bandeja

Mässer

el cuchillo

Gable

el tenedor

Löffel

la cuchara

Teelöffel

la cucharita

Serviette

la servilleta

Glas

el vaso

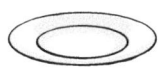

Täller
el plato

Suppetällär
el plato hondo

Untertasse
el plato

Sose
la salsa

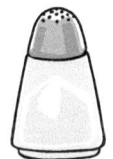

Salzstreuer
el salero

Pfäffermühli
el molinillo de pimienta

Essig
el vinagre

Öl
el aceite

Gwürz
las especias

Ketchup
el kétchup

Sänf
la mostaza

Mayonnaise
la mayonesa

Läbensmittellade
el supermercado

Ahgebot
la oferta especial
FOR
Chund
el cliente
Milchprodukt
los lácteos
Frücht
la fruta
Iichaufswage
el changuito

BUTCHERS

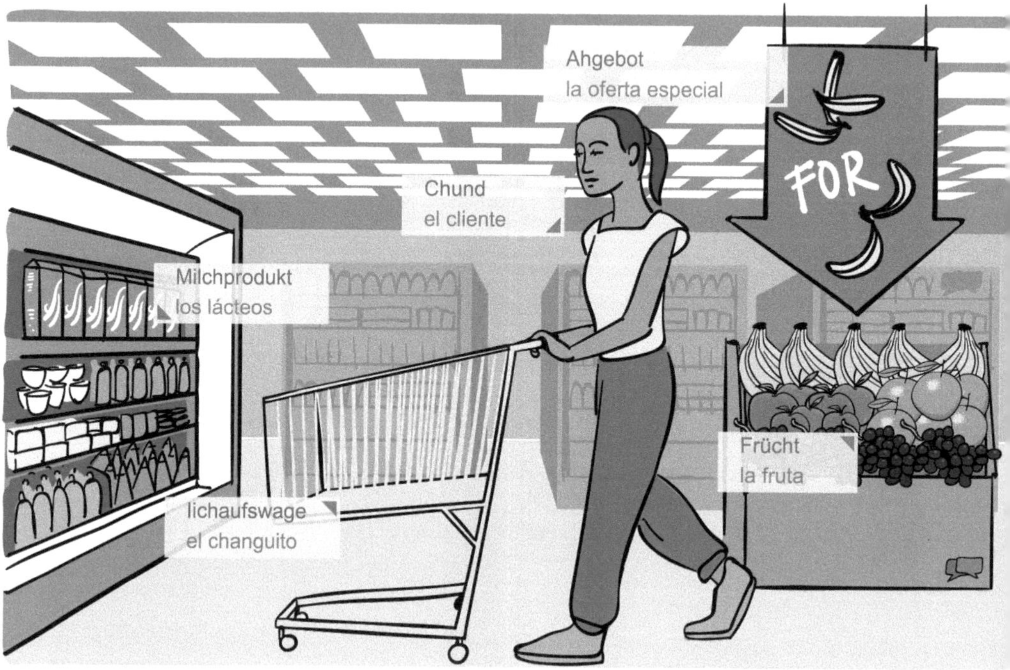

Schlachter

la carnicería

BAKERY

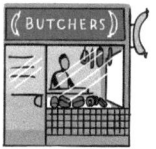

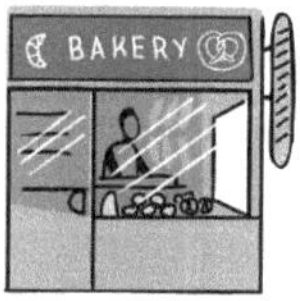

Beck

la panadería

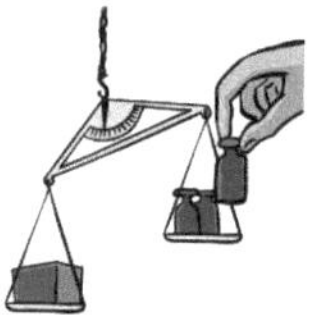

wiege

pesar

Gmües

las verduras

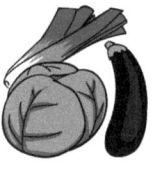

Fleisch

la carne

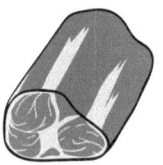

Tiefkühlprodukt

los alimentos congelados

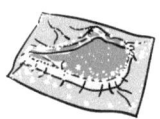

Ufschnitt

los fiambres

die Konsärve

los alimentos enlatados

Wöschmittel

el detergente en polvo

Süessigkeite

las golosinas

Huushaltartikel

los electrodomésticos

Putzmittel

los productos de limpieza

Verchäuferin

la vendedora

Kassä

la caja

Kassierer

el cajero

Ihchaufsliste

la lista de compras

Öffnigszite

el horario de atención

das Portemonnaie

la billetera

Kreditkarte

la tarjeta de crédito

Täsche

la cartera

Plastiksack

la bolsa de plástico

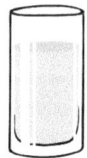

Wasser

el agua

Saft

el jugo

Milch

la leche

Cola

la bebida cola

Wii

el vino

Bier

la cerveza

Alkohol

el alcohol

Ovi

el cacao

Tee

el té

Kafi

el café

Espresso

el café expreso

Cappuccino

el cappuccino

Banane

la banana

Öpfel

la manzana

Orange

la naranja

Melone

el melón

Zitrone

el limón

Rüebli

la zanahoria

Chnoobli

el ajo

Bambus

el bambú

Zwiblä

la cebolla

Pilz

el champiñón

Nüss

las nueces

Nudle

los fideos

Spaghetti

los tallarines

Riis

el arroz

Salat

la ensalada

Pommfrit

las papas fritas

Bratherdöpfel

las papas fritas

Pizza

la pizza

Hamburgär

la hamburguesa

Sandwich

el sándwich

Gotlett

el churrasco

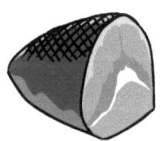

Schinkä

el jamón

Salami

el salame

Würschtli

la salchicha

Huehn

el pollo

Bratä

el asado

Fisch

el pescado

Haferflocke
los copos de avena

Müesli
el muesli

Cornflakes
los copos de maíz

Mähl
la harina

Gipfeli
la medialuna

Brötli
el pancito

Brot
el pan

Toscht
la tostada

Guetzli
las galletitas

Butter
la manteca

Quark
la cuajada

Chueche
la torta

Ei
el huevo

Spiegelei
el huevo frito

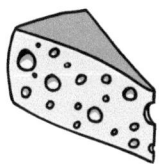

Chäs
el queso

Glace

el helado

Zucker

el azúcar

Honig

la miel

Gonfi

la mermelada

Nougat-Creme

la pasta de chocolate

Curry

el curry

Buurehof
la granja

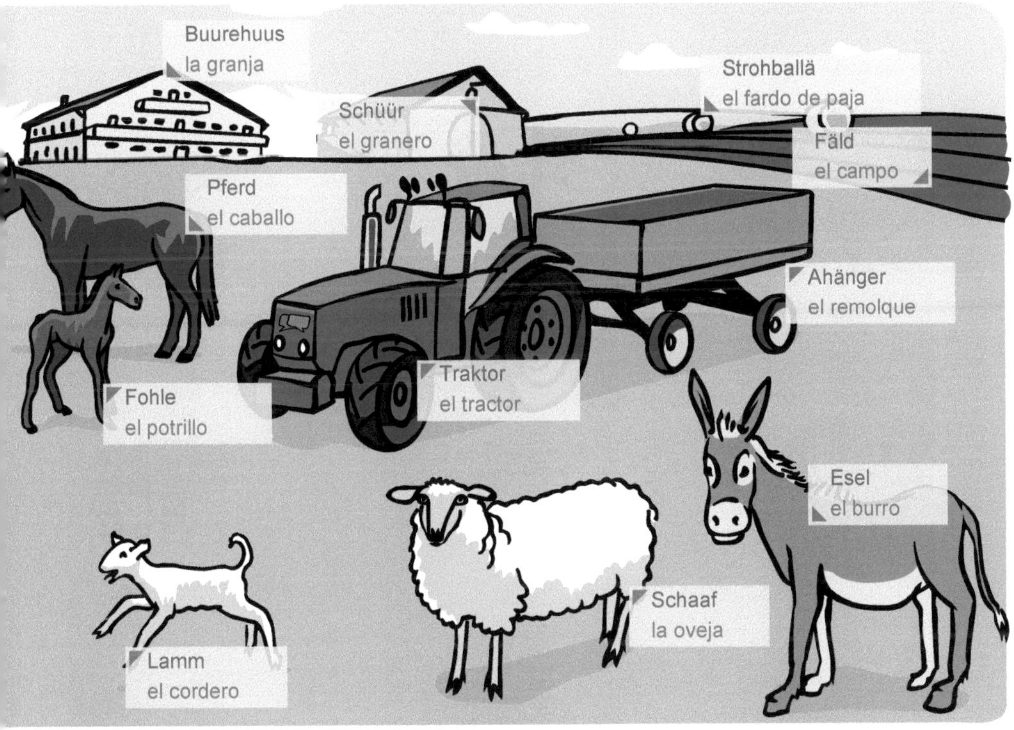

Buurehuus
la granja
Strohballä
el fardo de paja
Schüür
el granero
Fäld
el campo
Pferd
el caballo
Ahänger
el remolque
Traktor
el tractor
Fohle
el potrillo
Esel
el burro
Schaaf
la oveja
Lamm
el cordero

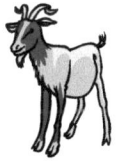

Geiss
....
la cabra

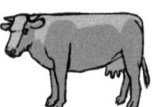

Chueh
....
la vaca

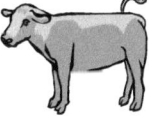

Chalb
....
el ternero

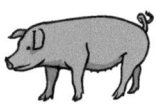

Sau
....
el cerdo

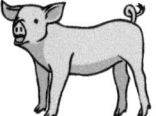

Ferkel
....
el lechón

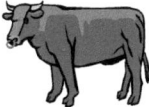

Rind
....
el toro

Gans

el ganso

Änte

el pato

Küke

el pollo

Huähn

la gallina

Güggel

el gallo

Ratte

la rata

Chatz

el gato

Muus

el ratón

Ochse

el buey

Hund

el perro

Hundehütte

la cucha

Garteschluuch

la manguera

Giesschanne

la regadera

Sägese

la guadaña

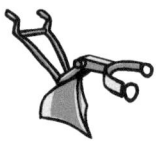

Pflueg

el arado

Sichel
la hoz

Hacke
la azada

Heugable
la horquilla

Axt
el hacha

Garette
la carretilla

Trog
el abrevadero

Milchchanne
la lechera

Sack
la bolsa

Haag
la reja

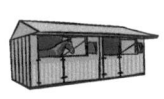

Gadä
el establo

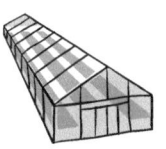

Gwächshuus
el invernadero

Bode
el suelo

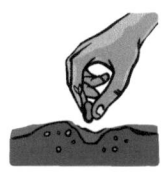

Soome
la semilla

Dünger
el fertilizador

Mähdrescher
la cosechadora

ärnte
cosechar

Ärnte
la cosecha

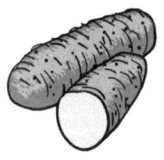

Yamswurzle
las batatas

Weize
el trigo

Soja
la soja

Härdöpfel
la papa

Mais
el maíz

Raps
la semilla de colza

Obstbaum
el árbol frutal

Maniok
la mandioca

Getreide
los cereales

Huus
la casa

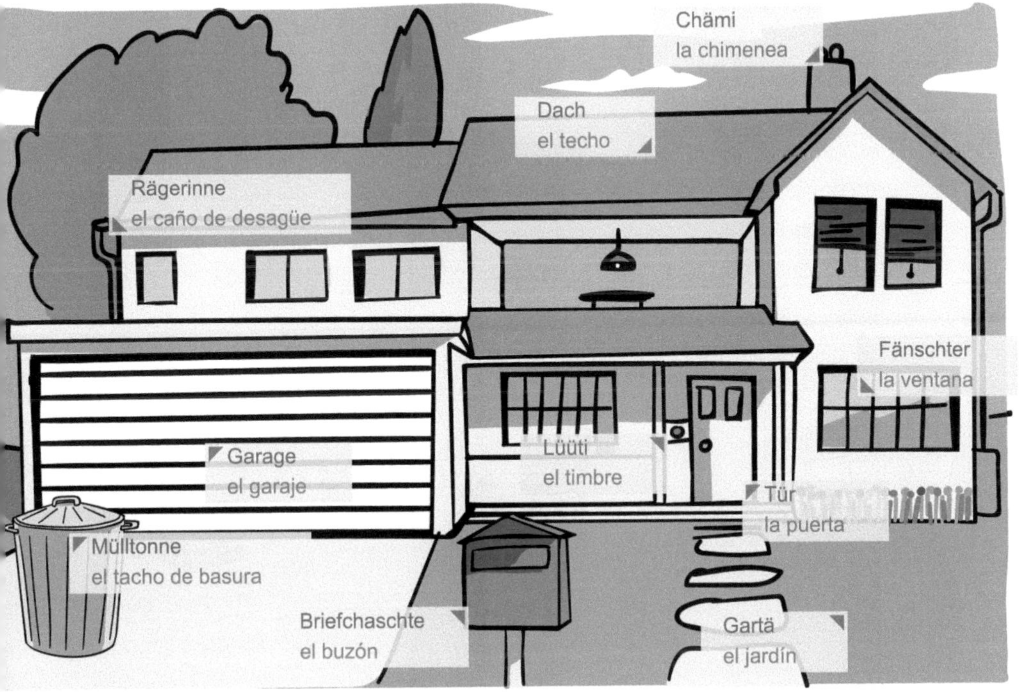
Chämi
la chimenea
Dach
el techo
Rägerinne
el caño de desagüe
Fänschter
la ventana
Lüüti
el timbre
Garage
el garaje
Tür
la puerta
Mülltonne
el tacho de basura
Briefchaschte
el buzón
Gartä
el jardín

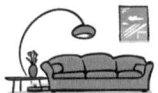

Stubä
el living

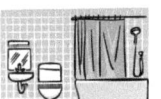

Badzimmer
el baño

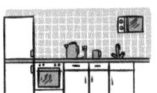

Chuchi
la cocina

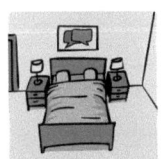

Schlofzimmer
el dormitorio

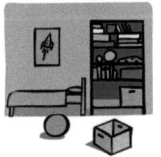

Chinderzimmer
el cuarto de los chicos

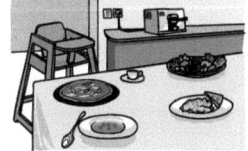

Ässzimmer
el comedor

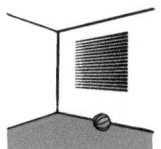

Bodä

el piso

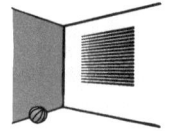

Wand

la pared

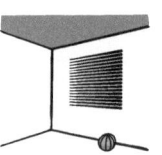

Decki

el cielorraso

Chäller

el sótano

Sauna

el sauna

Balkon

el balcón

Terasse

la terraza

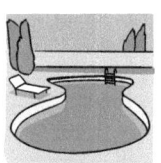

Pool

la pileta

Rasemäier

la cortadora de pasto

Bettbezug

la sábana

Bettdecki

el acolchado

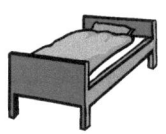

Bett

la cama

Bäse

la escoba

Chübel

el balde

Schalter

el interruptor

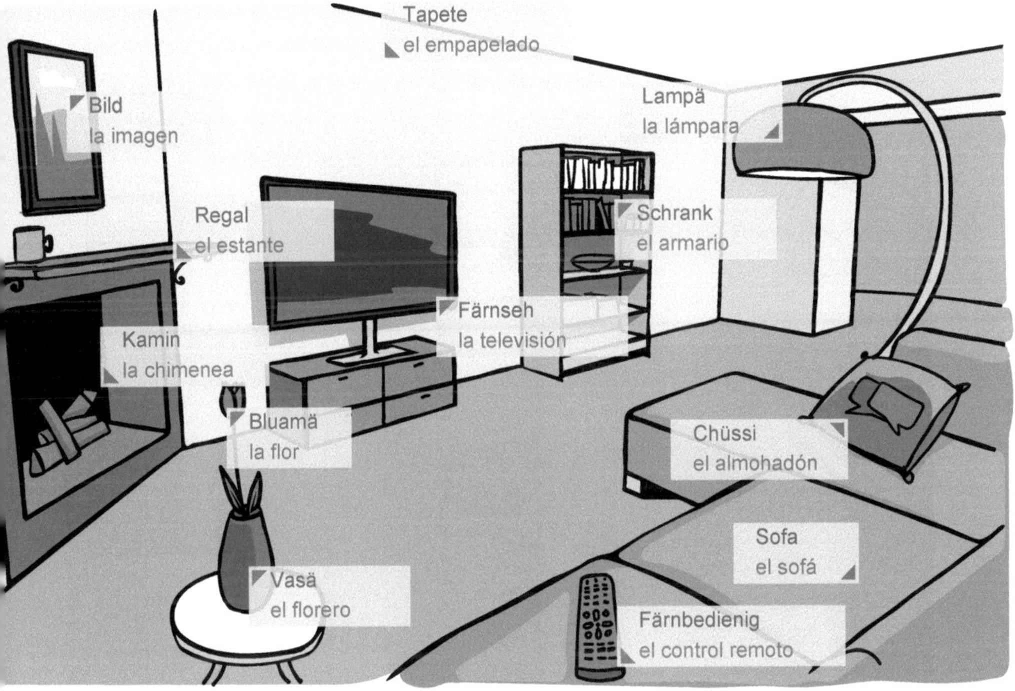

Tapete
el empapelado

Bild
la imagen

Lampä
la lámpara

Regal
el estante

Schrank
el armario

Kamin
la chimenea

Färnseh
la televisión

Bluamä
la flor

Chüssi
el almohadón

Sofa
el sofá

Vasä
el florero

Färnbedienig
el control remoto

Teppich	Vorhang	Tisch
la alfombra	la cortina	la mesa
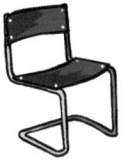		
Stuehl	Schaukelstuehl	Sässel
la silla	la mecedora	el sillón

Buech

el libro

Decki

la frazada

Dekoration

la decoración

Füürholz

la leña

Film

la película

Stereoahlag

el equipo de música

Schlüssel

la llave

Ziitig

el diario

Bild

la pintura

Poster

el póster

Radio

la radio

Notizblock

el cuaderno

Staubsuuger

la aspiradora

Kaktus

el cactus

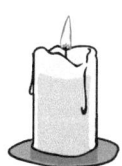

Chärze

la vela

Chuchi
la cocina

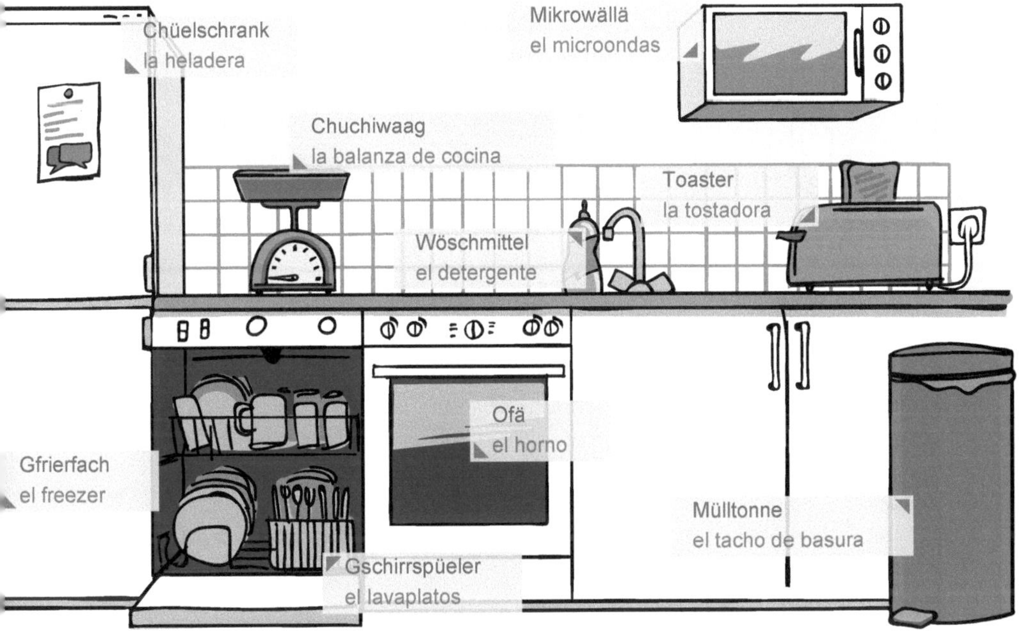

Chüelschrank
la heladera
Mikrowällä
el microondas
Chuchiwaag
la balanza de cocina
Toaster
la tostadora
Wöschmittel
el detergente
Ofä
el horno
Gfrierfach
el freezer
Mülltonne
el tacho de basura
Gschirrspüeler
el lavaplatos

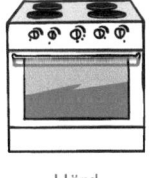

Härd
....
la cocina

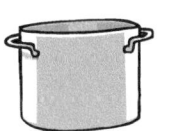

Topf
....
la olla

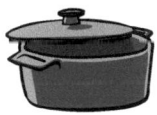

Iisetopf
....
la olla de hierro fundido

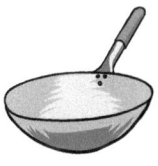

Wok / Kadai
....
el wok

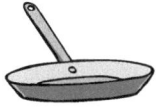

Pfanne
....
la sartén

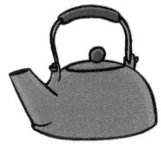

Wasserchocher
....
la pava

Dampfer

la vaporera

Bachbläch

la bandeja de horno

Gschirr

la vajilla

Bächer

la taza

Schale

el bol

Stäbli

los palitos

Suppechellä

el cucharón

Pfannewänder

la espátula

Schneebäse

la batidora

Sieb

el colador

Sieb

el colador

Raffle

el rallador

Mörser

el mortero

Grill

la parrilla

Füürstell

la fogata

Schniidbrätt

la tabla de picar

Nudelholz

el palo de amasar

Korkäzieher

el sacacorchos

Dosä

la lata

Dosäöffner

el abrelatas

Topflappä

la manopla

Wöschbecki

la pileta

Bürste

el cepillo

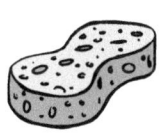

Schwumm

la esponja

Mixer

la batidora

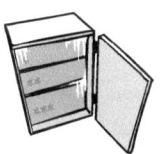

Gfrierschrank

el congelador

Babyfläschli

la mamadera

Hahnä

la canilla

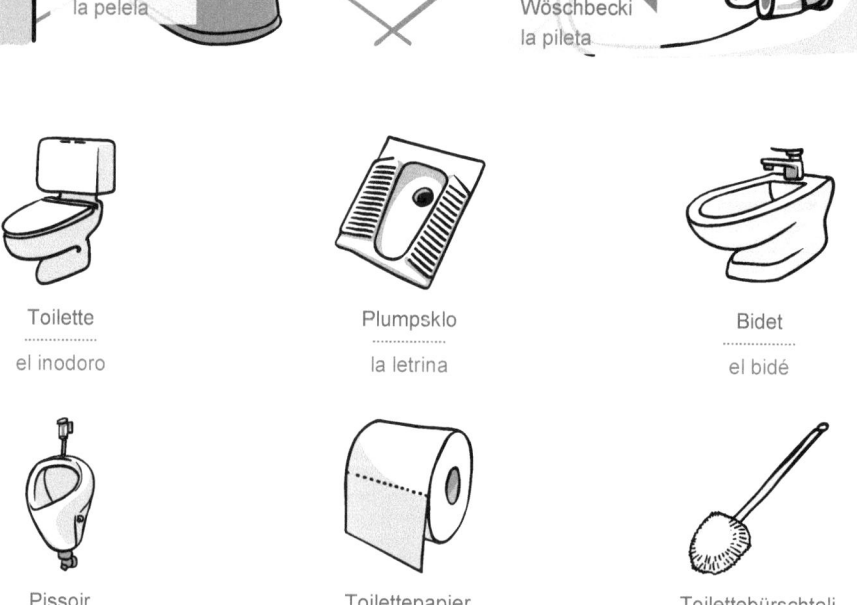

Badzimmer

el baño

Duschi
la ducha
Heizig
la calefacción
Handtuech
la toalla
Duschvorhang
la cortina de la ducha
Schumbad
el baño de espuma
Badwanne
la bañadera
Glas
el vaso
Wöschmaschine
el lavarropas
Hahnä
la canilla
Fliesä
las baldosas
Töpfli
la pelela
Wöschbecki
la pileta

Toilette

el inodoro

Plumpsklo

la letrina

Bidet

el bidé

Pissoir

el mingitorio

Toilettepapier

el papel higiénico

Toilettebürschteli

el cepillo para el inodoro

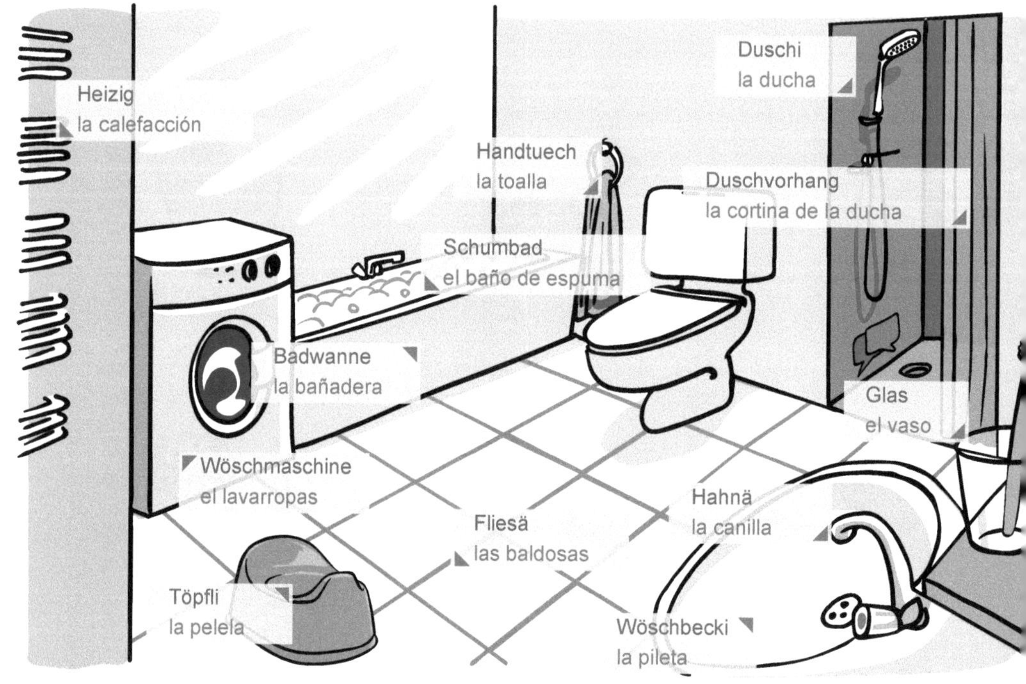

Zahbürstä

el cepillo de dientes

Zahpasta

el dentífrico

Zahnsiide

el hilo dental

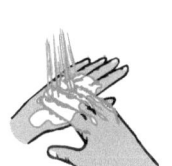

wäsche

lavar

Handduschi

la ducha de mano

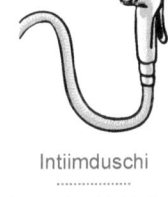

Intiimduschi

la ducha higiénica

Wöschbecki

la palangana

Ruggäbürste

el cepillo para la espalda

Seifä

el jabón

Duschgel

el gel de ducha

Shampoo

el shampoo

Waschlappä

la toallita

Abfluss

el desagüe

Creme

la crema

Deo

el desodorante

Spiegel
el espejo

Handspiegel
el espejito

Rasierer
la maquinita de afeitar

Rasierschuum
la espuma de afeitar

Aftershave
el aftershave

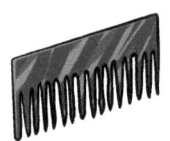

Schträäl
el peine

Bürstä
el cepillo

Föhn
el secador de pelo

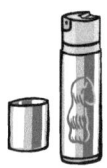

Hoorspray
el spray

Makeup
el maquillaje

Lippestift
el lápiz de labios

Nagellack
el esmalte para uñas

Wattä
el algodón

Nagelscher
la tijera para uñas

Parfum
el perfume

Necessaire

el portacosméticos

Schemel

la banqueta

Waag

la balanza

Badmantel

la bata

Gummihändscheh

los guantes de goma

Tampon

el tampón

Damebinde

la toallita femenina

chemischi Toilette

el baño químico

Chinderzimmer

el cuarto de los chicos

Wecker
el despertador
Kuscheltier
el peluche
Spielzügauto
el coche de juguete
Rassle
el sonajero
Puppehuus
la casa de muñecas
Gschänk
el regalo

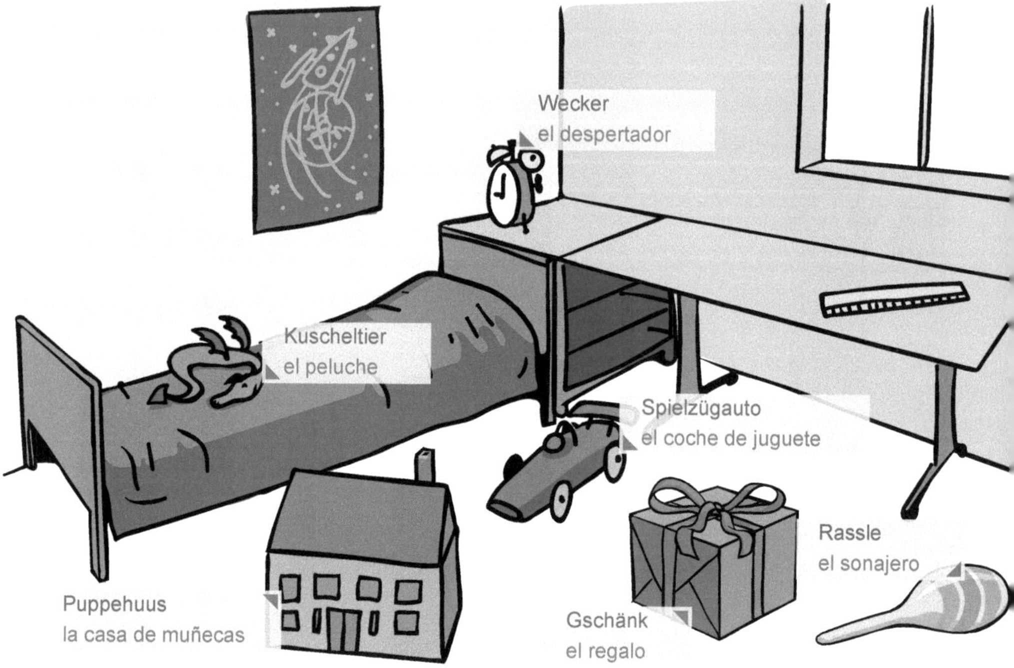

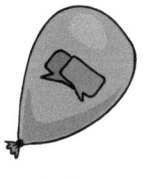

Ballon

el globo

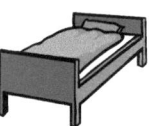

Bett

la cama

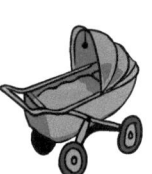

Chinderwage

el cochecito

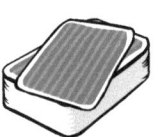

Chartespiel

las cartas

Puzzle

el rompecabezas

SUPER
MEGA

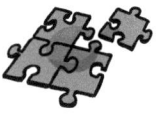

Comic

la historieta

Legos
las piezas de lego

Baustei
los ladrillos de juguete

Action Figur
la figura de acción

Strampli
el enterito (de bebé)

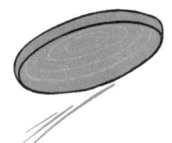

Frisbee
el frisbee

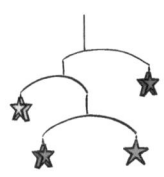

Mobile
el móvil para bebés

Brättspiel
el juego de mesa

Würfäl
los dados

Modellisebahn
el tren eléctrico

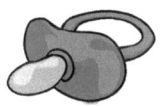

Nuggi
el chupete

Party
la fiesta

Bilderbuch
el libro de cuentos ilustrado

Ball
la pelota

Puppä
la muñeca

spiele
jugar

Sandchaschte

el arenero

Gigampfi

la hamaca

Spielzüg

los juguetes

Videospielkonsole

la consola de videojuegos

Dreirad

el triciclo

Teddy

el osito de peluche

Chleiderschrank

el armario

Chleidig
la ropa

Sockä

las medias

Strümpf

las medias panty

Strumpfhosä

las calzas

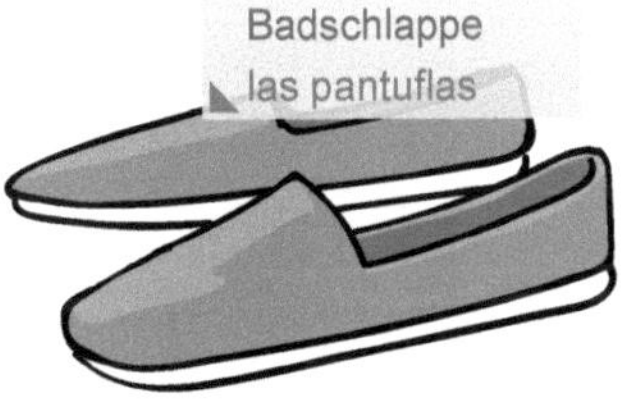

Schal
la bufanda

Rägeschirm
el paraguas

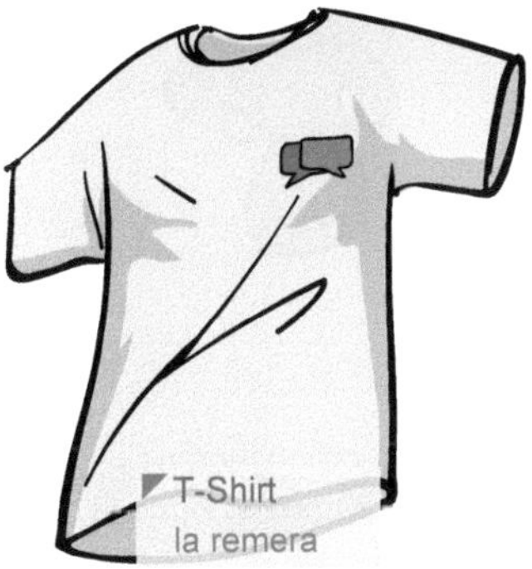

T-Shirt
la remera

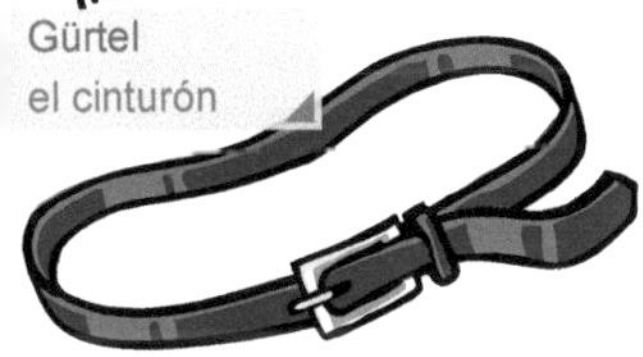

Gürtel
el cinturón

Stiefel
las botas

Badschlappe
las pantuflas

Turnschueh
las zapatillas

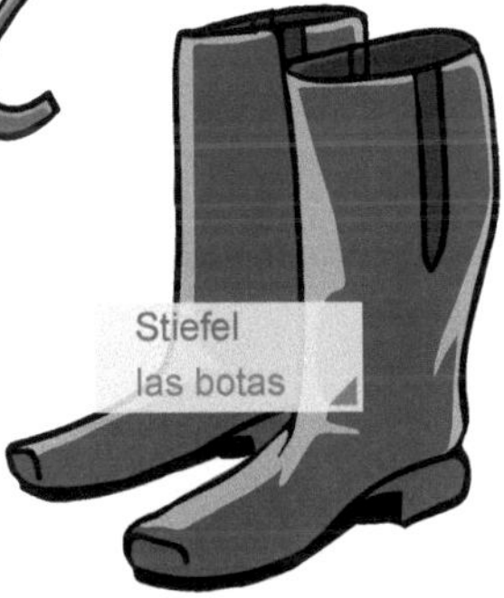

Sandalä

las sandalias

Schueh

los zapatos

Gummistiefel

las botas de goma

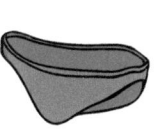

Untrhosä

la ropa interior

BH

el corpiño

Underlibli

el chaleco

Body

el body

Hosä

los pantalones

Jeans

los jeans

Rock

la pollera

Bluse

la blusa

Hömli

la camisa

Pulli

el pulóver

Kapuzepulli

el buzo

Blazer

el blazer

Jacke

la campera

Mantel

el tapado

Rägämantel

el piloto

Chostüm

el traje

Chleid

el vestido

Hochziitskleid

el vestido de novia

Ahzug

el traje

Nachthömli

el camisón

Pyjama

el pijama

Sari

el sari

Chopftuäch

el pañuelo para la cabeza

Turban

el turbante

Burka

la burka

Kaftan

el caftán

Abaya

la abaya

Badchleid

el traje de baño

Badhose

el short de baño

churzi Hosä

los shorts

Trainer

el jogging

Schürze

el delantal

Händsche

los guantes

Chnopf

el botón

Brüllä

los anteojos

Armband

la pulsera

Chetti

el collar

Ring

el anillo

Ohrering

el aro

Chappe

la gorra

Chleiderbügel

la percha

Huet

el sombrero

Grawattä

la corbata

Riissverschluss

el cierre

Helm

el casco

Hosäträger

los tiradores

Schueluniform

el uniforme escolar

Uniform

el uniforme

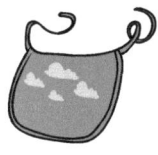

Lätzli

el babero

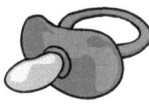

Nuggi

el chupete

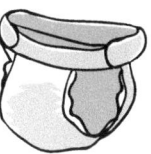

Windle

el pañal

Büro
la oficina

Server
el servidor
Akteschrank
el archivero
Drucker
la impresora
Papier
el papel
Monitor
el monitor
Schribtisch
el escritorio
Muus
el mouse
Ordner
la carpeta
Taschtatur
el teclado
Papierchorb
el tacho (de basura)
Computer
la computadora
Stuehl
la silla

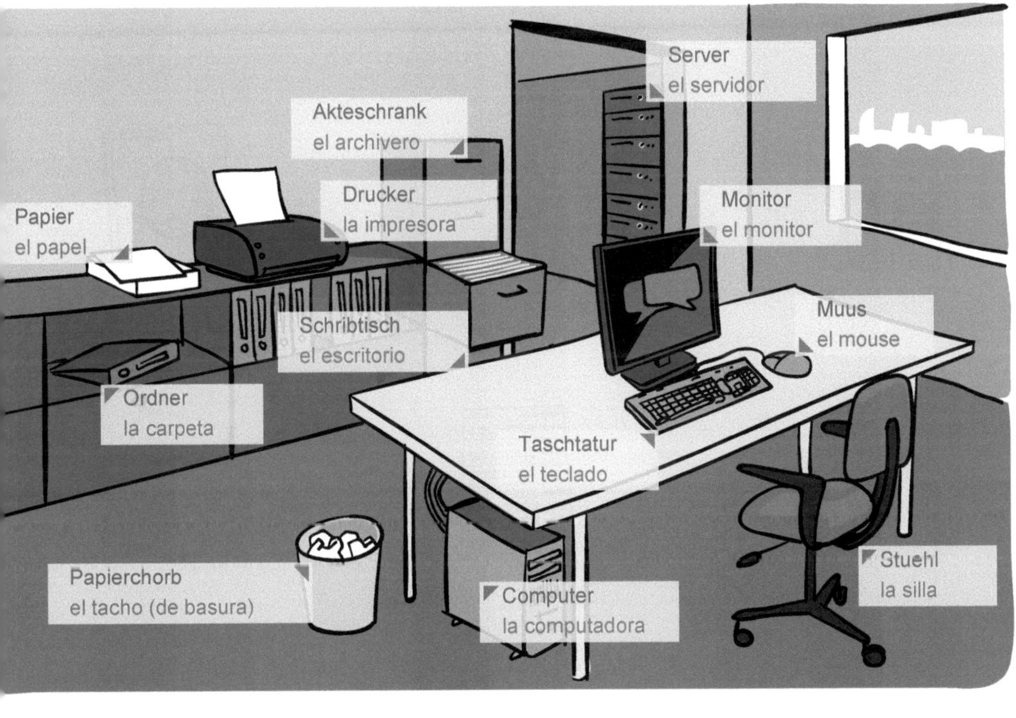

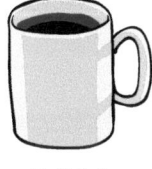

Kafibächer

la taza de café

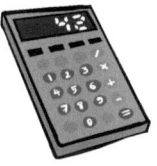

Tascherächner

la calculadora

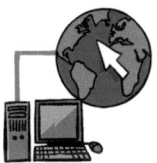

Internet

el internet

Laptop

la laptop

Brief

la carta

Nochricht

el mensaje

Mobiltelefon

el celular

Netzwärk

la red

Kopierer

la fotocopiadora

Software

el software

Telefon

el teléfono

Steckdosä

el tomacorriente

Fax

el fax

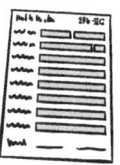

Formular

el formulario

Dokumänt

el documento

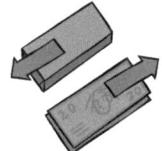

chaufe

comprar

zahle

pagar

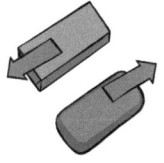

handle

hacer negocios

Gäld

el dinero

Dollar

el dólar

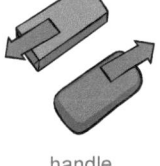

Euro

el euro

Yen

el yen

Rubel

el rublo

Frankä

el franco suizo

Renminbi Yuan

el yuan

Rupie

la rupia

Gäldautomat

el cajero automático

Wächselstube

la casa de cambio

Gold

el oro

Silber

la plata

Öl

el petróleo

Energie

la energía

Priis

el precio

Vertrag

el contrato

Stüür

el impuesto

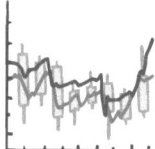

Aktie

la acción

schaffe

trabajar

Mitarbeiter

el empleado

Arbeitgeber

el empleador

Fabrik

la fábrica

Gschäft

el negocio

las ocupaciones

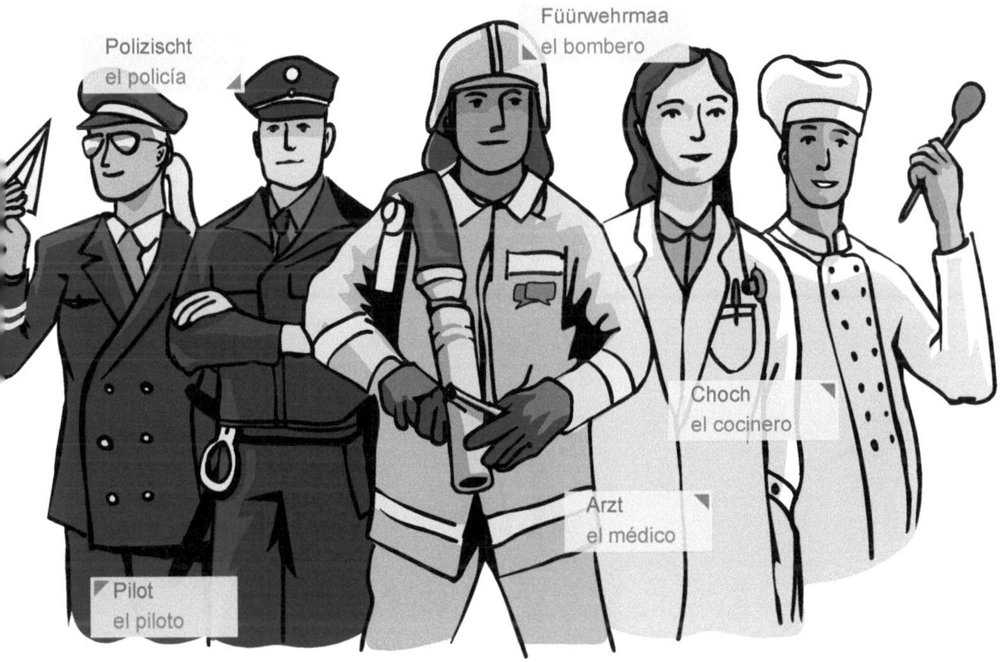
Füürwehrmaa
el bombero
Polizischt
el policía
Choch
el cocinero
Arzt
el médico
Pilot
el piloto

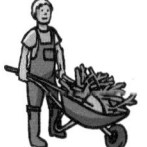

Gärtner

el jardinero

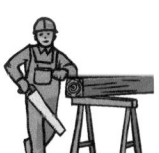

Zimmermah

el carpintero

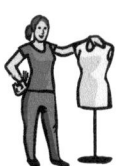

Näheri

la modista

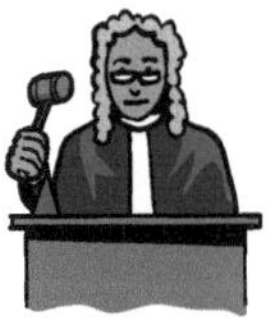

Richter

el juez

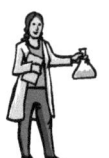

Chemiker

el farmacéutico

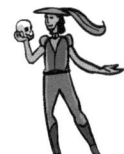

Darsteller

el actor

Busfahrer

el colectivero

Taxifahrer

el taxista

Fischer

el pescador

Putzfrau

la mucama

Dachdecker

el techista

Chällner

el mozo

Jäger

el cazador

Moler

el pintor

Bäcker

el panadero

Elektriker

el electricista

Bauarbeiter

el albañil

Ingenieur

el ingeniero

Schlachter

el carnicero

Klämpner

el plomero

Pöschtler

el cartero

Soldat

el soldado

Architekt

el arquitecto

Kassierer

el cajero

Florischt

el florista

Frisör

el peluquero

Kontrolleur

el cobrador

Mechaniker

el mecánico

Kapitän

el capitán

Zahnarzt

el dentista

Wüsseschaftler

el científico

Rabbi

el rabino

Imam

el imán

Mönch

el monje

Pfarrer

el sacerdote

Werkzüüg
las herramientas

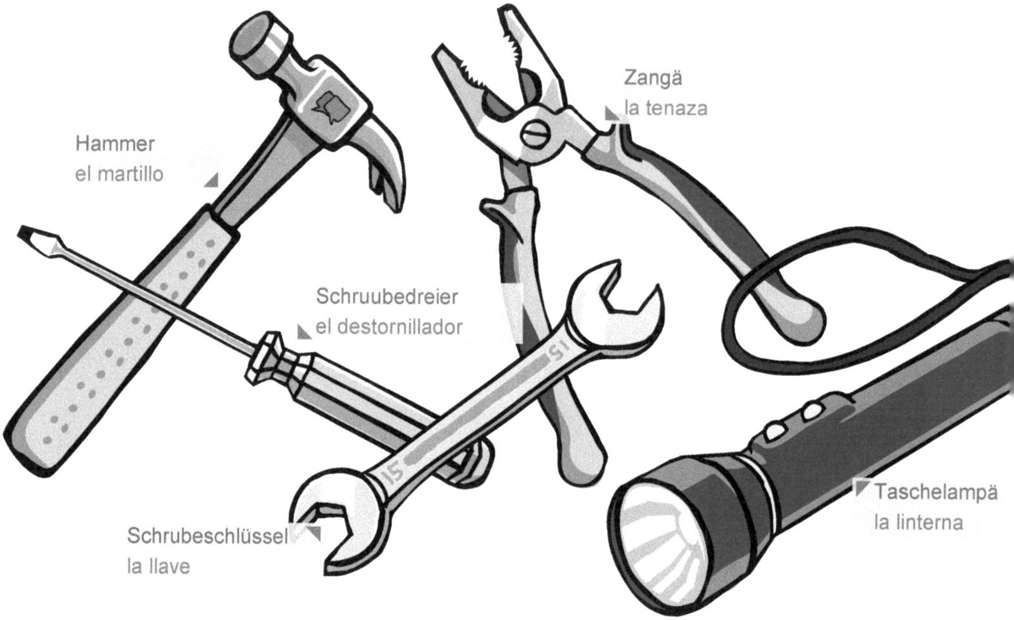
Hammer
el martillo
Zangä
la tenaza
Schruubedreier
el destornillador
Taschelampä
la linterna
Schrubeschlüssel
la llave

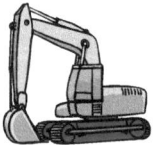

Bagger
la excavadora

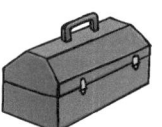

Werkzüügchaschte
la caja de herramientas

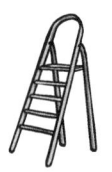

Leitere
la escalera portátil

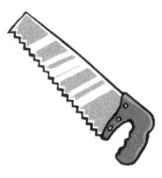

Sagi
la sierra

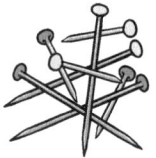

Negel
los clavos

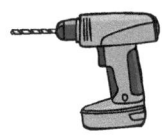

Bohrer
el taladro

flicke
....
arreglar

Schufle
....
la pala de jardín

Mischt!
....
¡Qué bronca!

Ascheschufle
....
la pala de plástico

Farbchübel
....
el tacho de pintura

Schruube
....
los tornillos

Musiginstrumänt
los instrumentos musicales

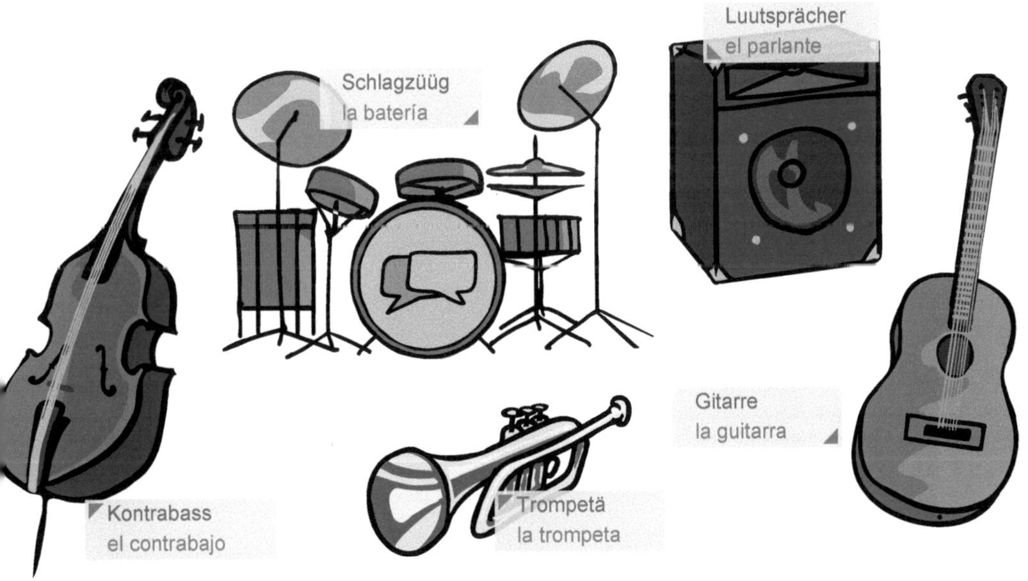

Luutsprächer
el parlante

Schlagzüüg
la batería

Kontrabass
el contrabajo

Trompetä
la trompeta

Gitarre
la guitarra

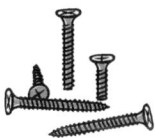

Klavier

el piano

Violine

el violín

Bass

el bajo

Pauke

los timbales

Trummle

el tambor

Keyboard

el teclado

Saxophon

el saxofón

Flöte

la flauta

Mikrofon

el micrófono

Zolli

el zoológico

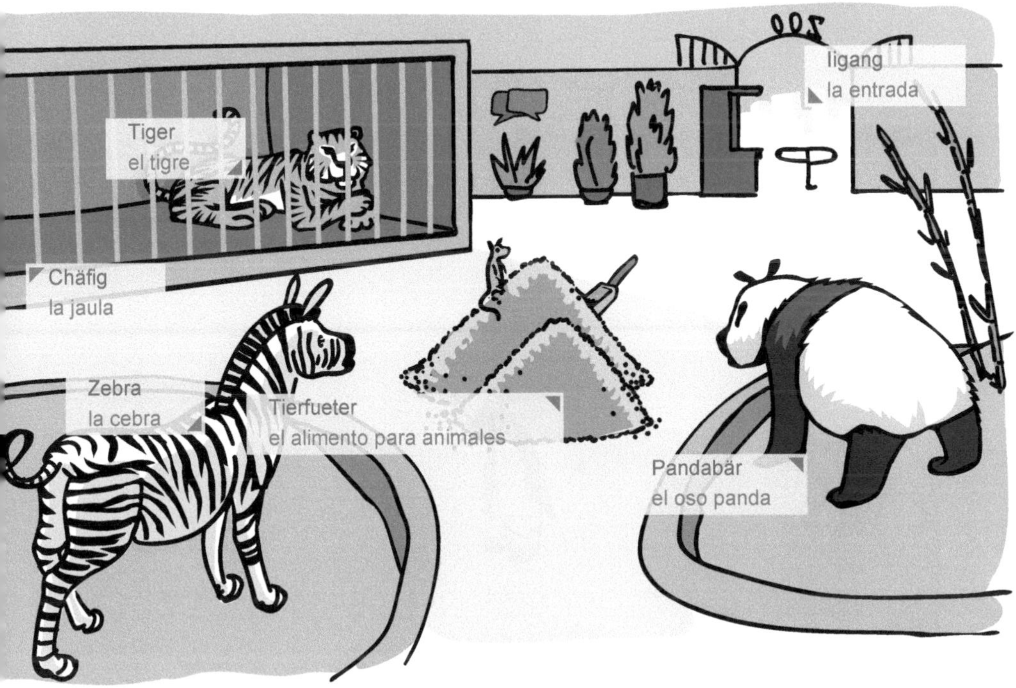
Tiger
el tigre
Iigang
la entrada
Chäfig
la jaula
Zebra
la cebra
Tierfueter
el alimento para animales
Pandabär
el oso panda

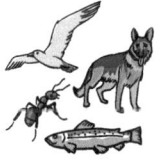

Tier

los animales

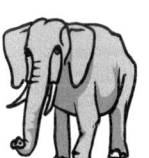

Elefant

el elefante

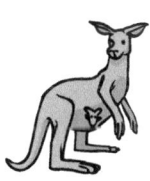

Känguru

el canguro

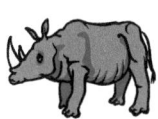

Nashorn

el rinoceronte

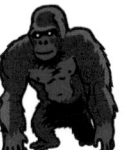

Gorilla

el gorila

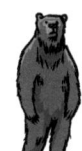

Bär

el oso

Kamel

el camello

Struss

el avestruz

Leu

el león

Aff

el mono

Flamingo

el flamenco

Papagei

el loro

Iisbär

el oso polar

Pinguin

el pingüino

Hai

el tiburón

Pfau

el pavo real

Schlangä

la serpiente

Krokodil

el cocodrilo

Zoowärter

el cuidador del zoológico

Robbä

la foca

Jaguar

el jaguar

Pony

el poni

Leopard

el leopardo

Nilpfärd

el hipopótamo

Giraff

la jirafa

Adler

el águila

Wildschwein

el jabalí

Fisch

el pescado

Schildkrot

la tortuga

Walross

la morsa

Fuchs

el zorro

Gazelle

la gacela

American Football
el fútbol americano

Velofahre
el ciclismo

Tennis
el tenis

Basketball
el básquet

Schwümmä
la natación

Boxä
el boxeo

Iishockey
el hockey sobre hielo

Fuessball
el fútbol

Badminton
el bádminton

Liechtathletik
el atletismo

Handball
el handball

Skifahre
el esquí

Polo
el polo

Aktivitäte
las actividades

lachä
reír
springä
saltar
umarme
abrazar
gah
caminar
singe
cantar
troime
soñar
bätte
rezar
küssä
besar

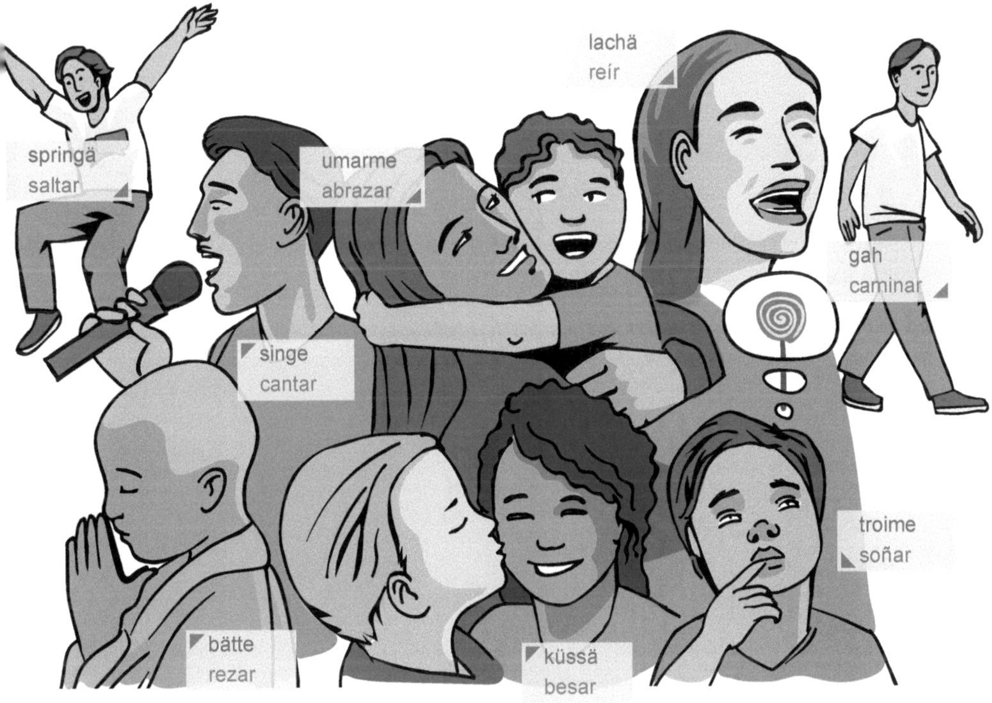

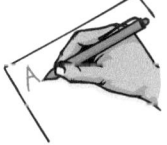

schribe
escribir

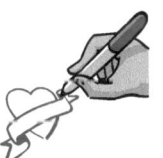

zeichne
dibujar

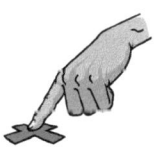

zeige
mostrar

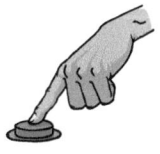

schiebe
presionar

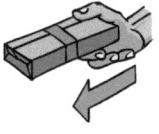

gäh
dar

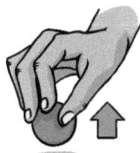

näh
tomar

händ
tener

mache
hacer

sy
ser

stah
estar parado

laufe
correr

zieh
tirar

rüerä
tirar

fallä
caer

ligge
estar acostado

warte
esperar

träge
llevar

sitze
estar sentado

ahzieh
vestirse

schlafe
dormir

ufwache
despertar

ahluege

mirar

brüele

llorar

striichle

acariciar

bürste

peinar

redä

hablar

verschtah

entender

froog

preguntar

lose

escuchar

trinke

beber

ässe

comer

ufruume

ordenar

liebe

amar

chochä

cocinar

fahre

manejar

flüge

volar

segle

navegar

rächne

calcular

läse

leer

leerä

aprender

schaffe

trabajar

hürate

casarse

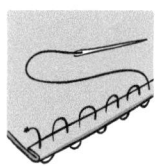

näije

coser

Zäh putze

cepillarse los dientes

töte

matar

schlootä

fumar

sände

enviar

Grossmuetter
a abuela

Grossvater
el abuelo

Vatter
el padre

Muetter
la madre

Baby
el bebé

Tochter
la hija

Sohn
el hijo

Gast
el invitado

Tante
la tía

Unkel
el tío

Brüeder
el hermano

Schwöschter
la hermana

Körpär

el cuerpo

Stirn
la frente
Aug
el ojo
Schultere
el hombro
Fingär
el dedo
Gsicht
la cara
Chüni
la pera
Hand
la mano
Bei
la pierna
Bruscht
el pecho
Arm
el brazo

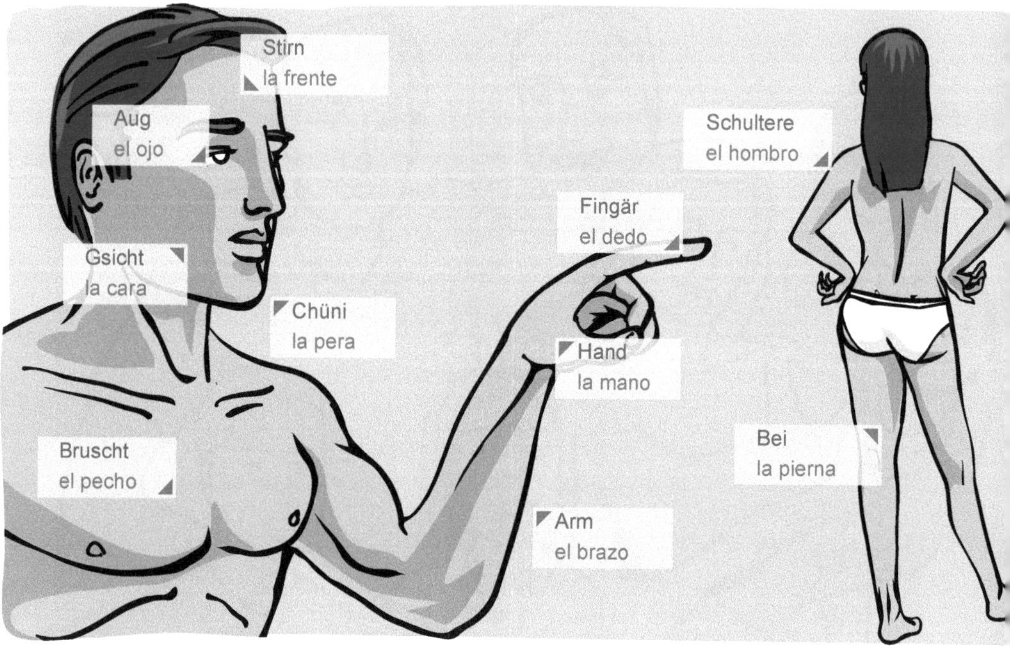

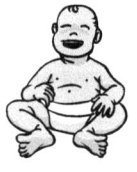

Baby
el bebé

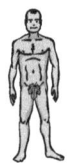

Mah
el hombre

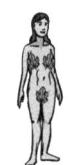

Frau
la mujer

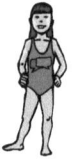

Meitli
la nena

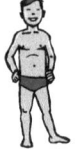

Bueb
el nene

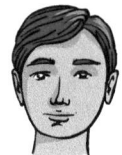

Chopf
la cabeza

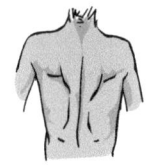

Ruggä

la espalda

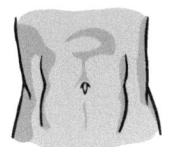

Buuch

la panza

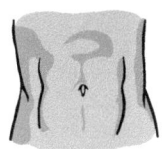

Buchnabel

el ombligo

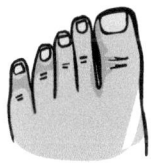

Zäche

el dedo del pie

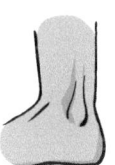

Fersä

el talón

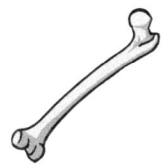

Knoche

el hueso

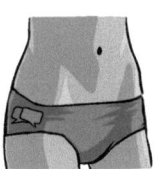

Hüfte

la cadera

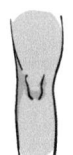

Chnü

la rodilla

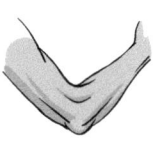

Ellbogä

el codo

Nase

la nariz

Füdli

la cola

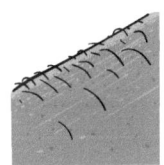

Hut

la piel

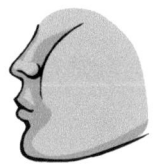

Bagge

el cachete

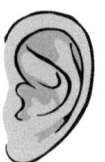

Ohr

la oreja

Lippe

el labio

Körpär - el cuerpo

Muul

la boca

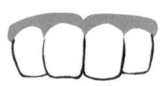

Zah

el diente

Zungä

la lengua

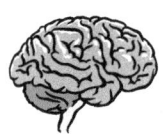

Hirni

el cerebro

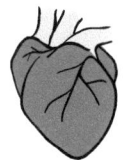

Härz

el corazón

Muskel

el músculo

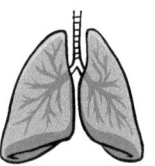

Lungä

el pulmón

Läberä

el hígado

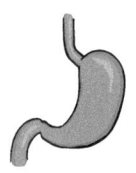

Magen

el estómago

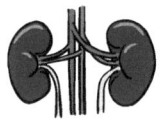

Nierä

los riñones

Gschlächtsvrkehr

el sexo

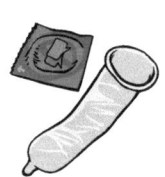

Kondom

el preservativo

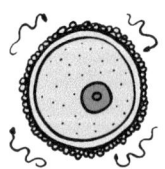

Eizälle

el óvulo

Soome

el semen

Schwangerschaft

el embarazo

Körpär - el cuerpo

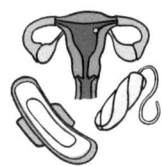

Menstruation

la menstruación

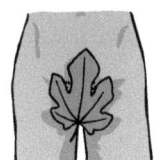

Vagina

la vagina

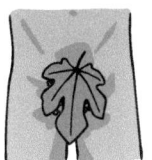

Penis

el pene

Augebrauä

la ceja

Haar

el pelo

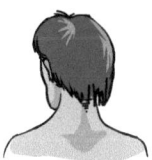

Hals

el cuello

Spital
el hospital

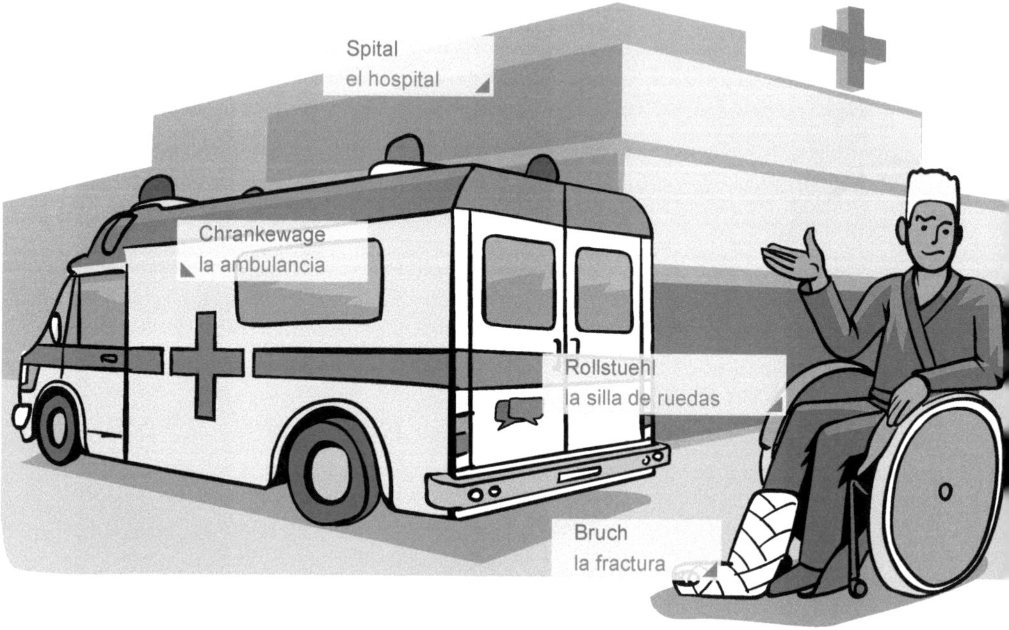

Spital
el hospital
Chrankewage
la ambulancia
Rollstuehl
la silla de ruedas
Bruch
la fractura

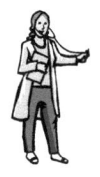

Arzt

el médico

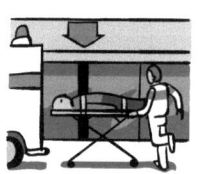

Notufnahm

la sala de guardia

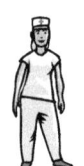

Chrankeschwöschter

la enfermera

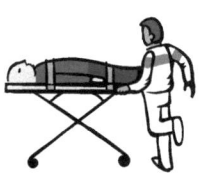

Notfall

la emergencia

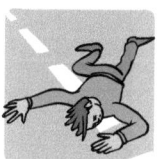

ohnmächtig

inconsciente

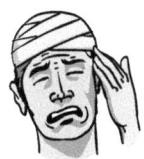

Schmärz

el dolor

Verletzig

la lesión

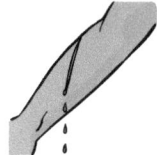

Bluätig

la hemorragia

Härzinfarkt

el infarto

Schlagahfall

el ACV

Allergie

la alergia

Hueschtä

la tos

Fieber

la fiebre

Grippe

la gripe

Durchfall

la diarrea

Kopfschmärze

el dolor de cabeza

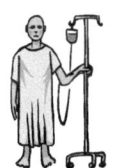

Kräbs

el cáncer

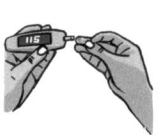

Diabetes

la diabetes

Chirurg

el cirujano

Skalpell

el bisturí

Operation

la operación

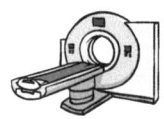

CT
la TC

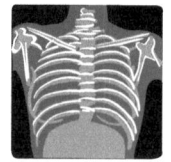

Röntgä
los rayos x

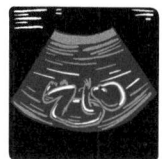

Ultraschall
la ecografía

Gsichtsmaske
el barbijo

Krankhet
la enfermedad

Wartezimmer
la sala de espera

Krückä
la muleta

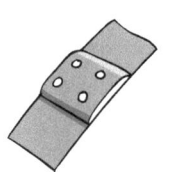

Pflaster
la curita

Vrband
la venda

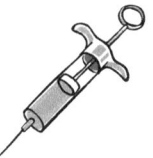

Injektion
la inyección

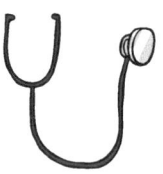

Stethoskop
el estetoscopio

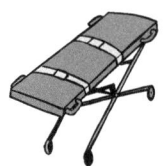

Trage
la camilla

Thermometer
el termómetro

Geburt
el nacimiento

Übergwicht
el sobrepeso

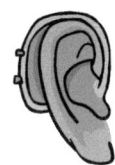

Hörgrät
el audífono

Desinfektionsmittel
el desinfectante

Infektion
la infección

Virus
el virus

HIV / AIDS
el VIH / SIDA

Medizin
el remedio

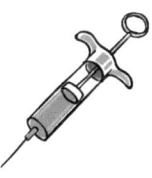

Impfig
la vacunación

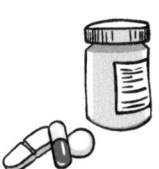

Tablette
los comprimidos

Pille
la pastilla anticonceptiva

Notruef
la llamada de emergencia

Bluetdruck-Mässgrät
el tensiómetro

chrank / gsund
enfermo / sano

Hiufe!

¡Ayuda!

Alarm

la alarma

Überfall

la agresión

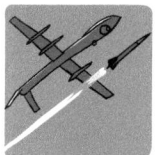

Ahgriff

el ataque

Gfohr

el peligro

Notuusgang

la salida de emergencia

Füür!

¡Fuego!

Füürlöscher

el matafuego

Unfall

el accidente

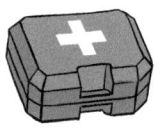

Ersti-Hilf-Koffer

el botiquín de primeros
auxilios

SOS

el SOS

Polizei

la policía

Europa

Europa

Nordamerika

América del Norte

Südamerika

América del Sur

Afrika

África

Asie

Asia

Auschtralie

Australia

Atlantik

el Atlántico

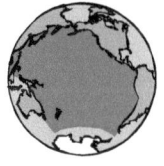

Pazifik

el Pacífico

Indische Ozean

el Océano Índico

Antarktische Ozean

el Océano Antártico

Arktische Ozean

el Océano Ártico

Nordpol

el polo norte

Südpol

el polo sur

Antarktis

la Antártida

Ärde

la Tierra

Land

la tierra

Meer

el mar

Inslä

la isla

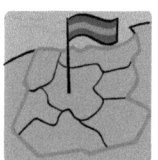

Nation

la nación

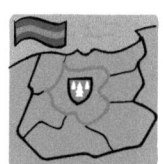

Staat

el estado

Ziffereblatt

la esfera

Stundezeiger

la manecilla de las horas

Minutezeiger

el minutero

Sekundezeiger

el segundero

Wie spaht isch es?

¿Qué hora es?

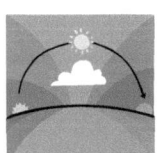

Tag

el día

Zit

la hora

jetzt

ahora

Digitaluhr

el reloj digital

Minute

el minuto

Stunde

la hora

Wuche

la semana

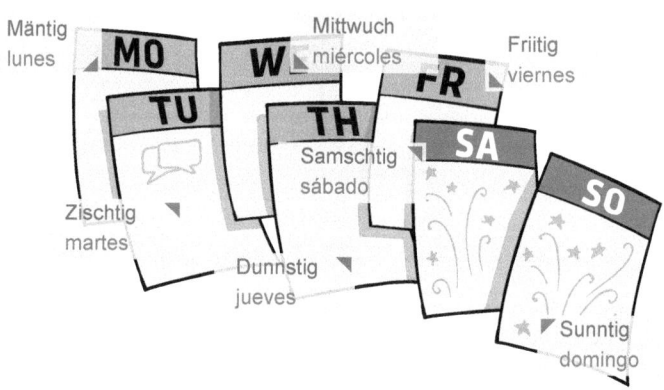

Mäntig / lunes — MO

Zischtig / martes — TU

Mittwuch / miércoles — W

Dunnstig / jueves — TH

Friitig / viernes — FR

Samschtig / sábado — SA

Sunntig / domingo — SO

geschter
....
ayer

hüt
....
hoy

morn
....
mañana

Morgä
....
la mañana

Mittag
....
el mediodía

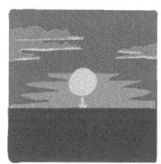

Aabig
....
la tarde

MO	TU	WE	TH	FR	SA	SU
1	2	3	4	5	6	7
8	9	10	11	12	13	14
15	16	17	18	19	20	21
22	23	24	25	26	27	28
29	30	31	1	2	3	4

Wärktag
....
los días hábiles

MO	TU	WE	TH	FR	SA	SU
1	2	3	4	5	6	7
8	9	10	11	12	13	14
15	16	17	18	19	20	21
22	23	24	25	26	27	28
29	30	31	1	2	3	4

Wuchenänd
....
el fin de semana

Räge
la lluvia

Rägeboge
el arco iris

Schnee
la nieve

Wind
el viento

Früelig
la primavera

Summer
el verano

Herbscht
el otoño

Winter
el invierno

4.APRIL	11°	☀
5.APRIL	4°	☁
6.APRIL	13°	☂
7.APRIL	8°	❄
8.APRIL	10°	☀

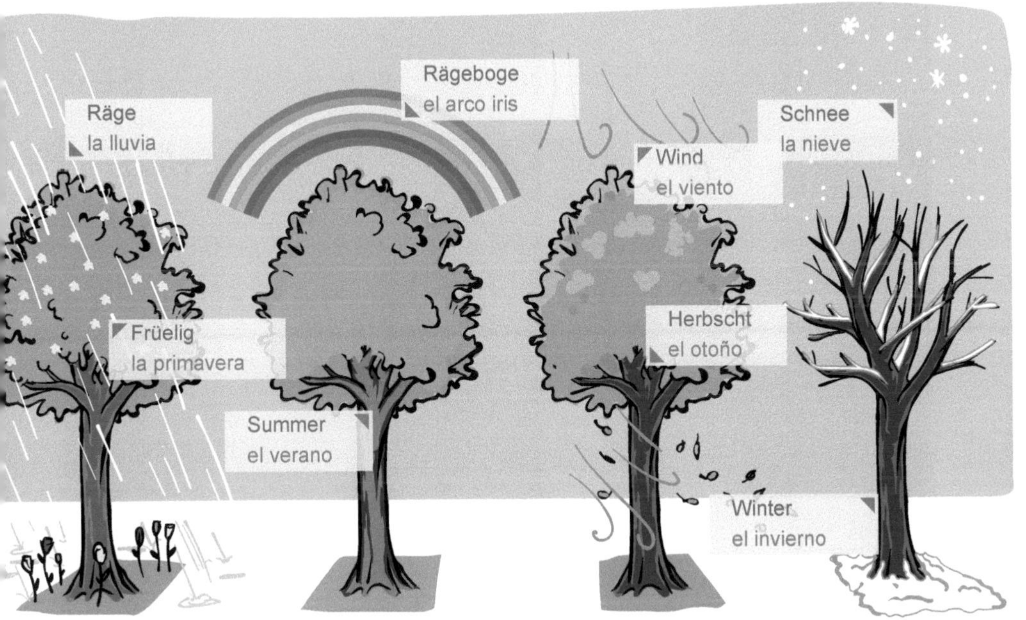

Wättervorhärsag

pronóstico meteorológico

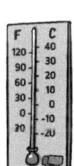

Thermometer

el termómetro

Sunneschiin

la luz del sol

Wolkä

la nube

Näbel

la niebla

Fiechtigkeit

la humedad

Blitz

el rayo

Dunner

el trueno

Sturm

la tormenta

Hagel

el granizo

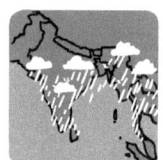

Monsun

el monzón

Fluet

la inundación

Iis

el hielo

Januar

enero

Februar

febrero

März

marzo

April

abril

Mai

mayo

Juni

junio

Juli

julio

Auguscht

agosto

Septämber
....
septiembre

Oktober
....
octubre

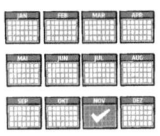

Novämber
....
noviembre

Dezämber
....
diciembre

Kreis
....
el círculo

Quadrat
....
el cuadrado

Rächteck
....
el rectángulo

Dreieck
....
el triángulo

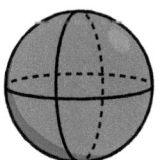

Chugele
....
la esfera

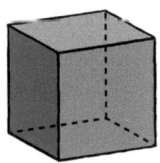

Würfel
....
el cubo

wiss

blanco

gäl

amarillo

orange

naranja

pink

rosa

rot

rojo

liila

violeta

blau

azul

grüen

verde

bruun

marrón

grau

gris

schwarz

negro

viel / wenig

mucho / poco

hässig / ruhig

enojado / tranquilo

hübsch / hässlich

lindo / feo

Ahfang / Ändi

el principio / el fin

gross / chli

grande / chico

hell / dunkel

claro / oscuro

Brüeder / Schwöschter

el hermano / la hermana

suuber / dräckig

limpio / sucio

vollständig / unvollständig

completo / incompleto

Tag / Nacht

el día / la noche

tot / läbig

muerto / vivo

breit / schmal

ancho / angosto

ässbar / nid ässbar

comestible / no comestible

bös / fründlich

malo / amable

uffreggt / glangwilt

entusiasmado / aburrido

dick / dünn

gordo / flaco

zerscht / zletscht

primero / último

Fründ / Find

el amigo / el enemigo

voll / läär

lleno / vacío

hart / weich

duro / blando

schwer / liecht

pesado / liviano

Hunger / Durscht

el hambre / la sed

chrank / gsund

enfermo / sano

illegal / legal

ilegal / legal

intelligänt / gatz

inteligente / estúpido

links / rächts

izquierda / derecha

nöch / wiit weg

cerca / lejos

neu / bruucht

nuevo / usado

nüt / öpis

nada / algo

alt / jung

viejo / joven

ah / uss

encendido / apagado

offe / zue

abierto / cerrado

lislig / luut

silencioso / ruidoso

riich / arm

rico / pobre

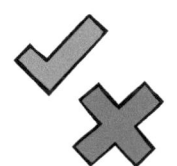

richtig / falsch

correcto / incorrecto

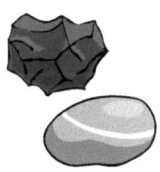

rau / glatt

áspero / suave

truurig / glücklich

triste / contento

churz / lang

corto / largo

langsam / schnäll

lento / rápido

nass / trochä

mojado / seco

warm / chalt

caliente / frío

Chrieg / Friede

guerra / paz

0	**1**	**2**
Null	eis	zwei
cero	uno	dos

3	**4**	**5**
drü	vier	foif
tres	cuatro	cinco

6	**7**	**8**
sächs	sibe	acht
seis	siete	ocho

9	**10**	**11**
nün	zäh	elf
nueve	diez	once

12

zwölf
doce

13

drizäh
trece

14

vierzäh
catorce

15

füfzäh
quince

16

sächzäh
dieciséis

17

siebzäh
diecisiete

18

achtzäh
dieciocho

19

nünzäh
diecinueve

20

zwänzg
veinte

100

Hundert
cien

1.000

Tuusig
mil

1.000.000

Million
el millón

Änglisch

el inglés

Amerikanischs Änglisch

el inglés americano

Chinesisch Mandarin

el chino mandarín

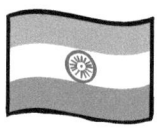

Hindi

el hindi

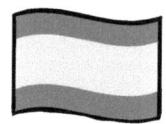

Spanisch

el español

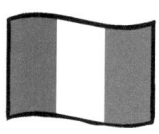

Französisch

el francés

Arabisch

el árabe

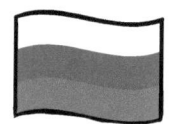

Russisch

el ruso

Portugiesisch

el portugués

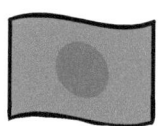

Bengalisch

el bengalí

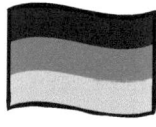

Dütsch

el alemán

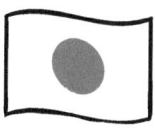

Japanisch

el japonés

ich

yo

du

vos

är / sie / es

él / ella

mir

nosotros

ihr

ustedes

sie

ellos

wär?

¿quién?

was?

¿qué?

wie?

¿cómo?

wo?

¿dónde?

wänn?

¿cuándo?

Name

el nombre

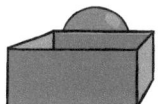

hinder

detrás

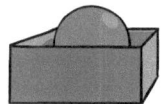

in

en

vor

adelante de

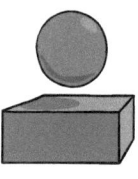

über

por encima de

uf

sobre

under

debajo de

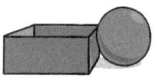

näbe

al lado de

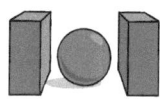

zwüsche

entre

Ort

el lugar